Nadire Cavus
Zebari Dilovan Asaad Majeed
Subhi Rafeeq Mohammed Zeebaree

Redução de circuitos lógicos digitais

Nadire Cavus
Zebari Dilovan Asaad Majeed
Subhi Rafeeq Mohammed Zeebaree

Redução de circuitos lógicos digitais

Uma abordagem baseada num diagrama de decisão binária

ScienciaScripts

Imprint
Any brand names and product names mentioned in this book are subject to trademark, brand or patent protection and are trademarks or registered trademarks of their respective holders. The use of brand names, product names, common names, trade names, product descriptions etc. even without a particular marking in this work is in no way to be construed to mean that such names may be regarded as unrestricted in respect of trademark and brand protection legislation and could thus be used by anyone.

Cover image: www.ingimage.com

This book is a translation from the original published under ISBN 978-3-659-83179-9.

Publisher:
Sciencia Scripts
is a trademark of
Dodo Books Indian Ocean Ltd. and OmniScriptum S.R.L publishing group

120 High Road, East Finchley, London, N2 9ED, United Kingdom
Str. Armeneasca 28/1, office 1, Chisinau MD-2012, Republic of Moldova, Europe
Printed at: see last page
ISBN: 978-620-8-30032-6

Índice:

PREFÁCIO

Atualmente, os projectistas de circuitos lógicos digitais procuram obter o máximo de precisão possível para os circuitos projectados, com o mínimo de tempo consumido e, finalmente, com o mínimo de esforço possível. A superação de todos estes condicionalismos não pode ser conseguida através de abordagens tradicionais, mesmo quando se utilizam mapas de Karnaugh, especialmente quando se utilizam mais de 4 variáveis de entrada. O problema mais importante que os projectistas enfrentam é selecionar quais e como são possíveis as soluções óptimas, tendo em consideração a ordem das variáveis para decidir quantos circuitos lógicos digitais equivalentes podem ser extraídos do original.

Este livro depende da abordagem do Diagrama Binário de Decisão para ser utilizado para representar de forma simbólica um conjunto de variáveis de entrada. É largamente utilizada no domínio do controlo formal. A ordenação das variáveis é um passo muito importante no processo de otimização do Diagrama de Decisão Binário. Uma boa ordenação das variáveis reduzirá consideravelmente o tamanho de um Diagrama de Decisão Binário.

Este livro está organizado em quatro capítulos, como se segue:

O primeiro capítulo apresenta a história dos circuitos lógicos. Em seguida, são explicadas em pormenor as redes lógicas digitais, as funções booleanas e a verificação de modelos.

O segundo capítulo aborda as árvores e os seus diagramas, as árvores de decisão e as árvores de decisão binárias. Além disso, a forma normal se-então-então é explicada em pormenor.

O terceiro capítulo trata da teoria relacionada com o Diagrama de Decisão Binária, Diagrama de Decisão Binária Ordenada, Probabilidades e Caminhos e Diagrama de Decisão Binária com Supressão de Zero.

O quarto capítulo analisa a investigação relacionada e aponta problemas.

Prof. Dr. Nadire Cavus

Dilovan Asaad Majeed Zebari

Dr. Subhi Rafeeq Mohammed Zeebaree

janeiro, 2016

Universidade do Próximo Oriente

Nicósia-Chipre

Esperamos que goste de ler o fruto dos nossos esforços e que este livro o ajude a obter uma perspetiva geral sobre os Diagramas Binários de Decisão. Finalmente, esperamos que seja útil na sua vida futura.

Aos nossos alunos.

CAPÍTULO 1

CIRCUITOS LÓGICOS

1.1 História

Os circuitos lógicos têm uma longa história que remonta a meados do século XIX. O lógico e matemático britânico George Boole, em 1847, foi o primeiro a propor um sistema lógico binário, que consiste em dois valores: verdadeiro representa 1 e falso representa 0. Através destes dois valores, os computadores podem efetuar operações lógicas. Este sistema matemático que ele desenvolveu nessa altura chama-se álgebra booleana. Esta álgebra booleana tem sido utilizada como uma ferramenta formal/matemática para descrever e conceber circuitos lógicos binários complexos. Posteriormente, Charles S. Peirce, entre 1839-1914, considerou as suas aplicações aos circuitos electrónicos. A mais antiga análise formal de circuitos lógicos pertence a Claude Shannon, um dos matemáticos americanos do século XX. Ele ilustrou a forma de mapear a álgebra booleana num circuito digital (Butler, 2010).

O domínio da informática é a conceção lógica, que desempenha um papel importante na conceção de circuitos lógicos. Estes circuitos lógicos são utilizados nos computadores para efetuar operações lógicas sobre os dados da unidade de controlo, a unidade lógica aritmética (ALU) e os controladores de entrada/saída. Os circuitos lógicos são utilizados para construir o hardware do computador e também para alguns outros produtos (hardware digital). Os circuitos lógicos digitais bastante complexos (por exemplo, computadores inteiros) podem ser construídos utilizando alguns tipos de circuitos básicos chamados portas que têm uma ou mais entradas e uma saída. Cada uma destas portas tem uma regra pela qual os operadores, que são AND, OR, NOT, NAND, NOR e XOR (Roth, 2013).

Os circuitos são descritos pelo seu tamanho, o número de portas e o comprimento dos seus caminhos. Assim, existem algumas técnicas para simplificar e otimizar os circuitos lógicos, como o mapa de Karnaugh (**K-Map**) e o diagrama de decisão binário (BDD). O K-Map é uma técnica gráfica. É uma alternativa a uma tabela de verdade para representar uma função booleana. Neste método, a tabela de verdade deve ser convertida numa matriz. A utilização desta técnica com uma grande variável de entrada é terrível, porque se torna mais complexa ou, de um modo geral, mais difícil de manejar. Assim, é preferível utilizá-la com funções lógicas que tenham quatro ou menos variáveis de entrada. Mas a segunda técnica, que é a técnica BDD, é mais interactiva para simplificar e otimizar os circuitos lógicos (Feher, 2010).

Antes de propor os BDD, existem os Diagramas de Decisão (DD), que são estruturas de dados para representar funções booleanas em desenho assistido por computador (CAD) (Mateescu, 2008). Nos últimos anos, os algoritmos eficientes tornaram-se cada vez mais populares para manipular funções booleanas em muitos domínios do CAD e da verificação. Os sistemas de aplicação de CAD exigem uma representação mais eficiente das funções booleanas através da utilização de algoritmos de verificação lógica e de otimização. A verificação de modelos é uma verificação automática que pode ser aplicada com sucesso a uma variedade de aplicações (Assi, 2006). Os DD são utilizados em muitos domínios de investigação, sobretudo na verificação de software e hardware. A estrutura dos DD pode ser apresentada, em primeiro lugar, como árvores e, em seguida, reduzida a diagramas (Mateescu, 2008). No ano passado, foi proposta uma nova técnica designada por BDD. Tornou-se uma estrutura de dados muito popular durante as duas últimas décadas devido à sua eficiência em termos de espaço e tempo, particularmente quando descreve grandes funções discretas. Além disso, é um método bem sucedido para a representação de funções booleanas (Limnios, 2007). O sucesso desta técnica tem atraído muitos investigadores na área da síntese e verificação de circuitos digitais de integração em muito grande escala (VLSI) (Prasad, 2008).

Nas últimas duas décadas, a capacidade de manipulação eficiente dos BDD levou à sua utilização generalizada em vários domínios de aplicação. Para aplicar BDDs em qualquer domínio problemático, os dados a apresentar são expressos como funções booleanas. Os resultados necessários são obtidos através da realização de uma sequência de operações em BDDs que representam as funções booleanas. Os BDDs foram aplicados com sucesso a muitos problemas em CAD e são canónicos. Tornam-se de grande utilidade para a verificação de equivalências, para satisfazer problemas de capacidade e de tautologia. Além disso, os BDD são utilizados noutros domínios de aplicação, como a conceção de sistemas concorrentes, a resolução de problemas de inteligência artificial e a lógica matemática. Alguns domínios de aplicação dos BDD incluem a verificação formal (verificação de modelos simbólicos em particular), a otimização de circuitos lógicos, o teste e a otimização de circuitos sequenciais (Teh, 2012; Fasan, 2010).

1.2 Redes lógicas digitais

Os circuitos lógicos digitais são utilizados em muitos dispositivos e produtos, tais como dispositivos portáteis, dispositivos médicos, aeronaves, sistemas de alarme, automóveis, sistemas de gestão de energia e electrodomésticos. São também muito utilizados em computadores, telecomunicações e na indústria transformadora. O sistema digital é constituído por dois tipos de circuitos (Al Mushreq, 2011):

1.2.1 Circuitos Lógicos Sequenciais

São constituídos por circuitos combinacionais e elementos de memória, cujos elementos de memória estão ligados para formar um caminho de retorno e utilizam esta memória para armazenar entradas de estado anteriores. Nos circuitos sequenciais, a saída não depende apenas das entradas actuais, mas também das entradas anteriores. Assim, os seus sinais de saída são realimentados para o lado da entrada. Por outras palavras, a sua saída depende do histórico da entrada devido à sua própria memória (Lou, 2010). Um circuito sequencial é utilizado no seletor de canais controlado pelos botões para cima e para baixo de um telecomando de televisão. A fechadura de combinação só pode ser aberta se for definida a sequência correta de letras ou números codificados, pelo que também será considerada como outro exemplo deste tipo (Alzeebary, 2006).

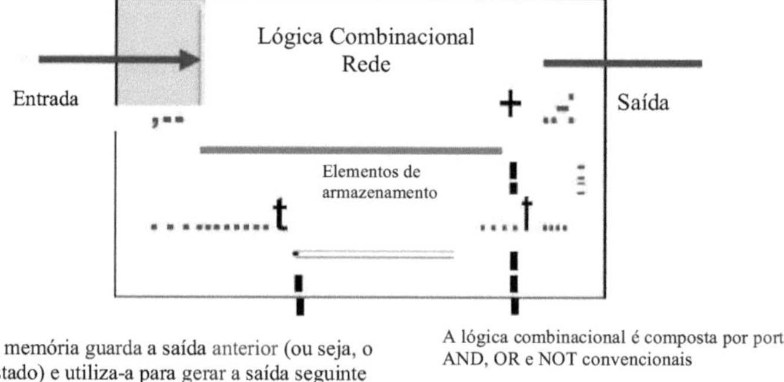

Figura 1.1: Diagrama de blocos da rede lógica sequencial (Alzeebary, 2006)

1.2.2 Circuitos Lógicos Combinacionais

Ao contrário dos circuitos lógicos sequenciais, os anteriores são frequentemente mais rápidos do que os posteriores. Os circuitos combinacionais não têm elementos de memória, como os circuitos sequenciais, para efetuar as suas operações, mas contêm apenas portas lógicas. Os circuitos combinacionais produzem uma saída com base apenas na entrada atual. Podem ter um número n de entradas e um número *m* de saídas (Anantapur, 2012).

Para a conceção de um circuito combinacional de comutação, o primeiro passo a ser dado é a criação de uma tabela de verdade que limita a(s) saída(s) em função da variável de entrada. hl alguns casos, especialmente quando há uma diferença entre variáveis e números, neste caso, pode ser desejável ir diretamente da declaração do problema para equações algébricas, mas sem escrever uma tabela de verdade (Roth, 2013).

Figura 1.2: Diagrama de blocos de uma rede combinacional (Alzeebary, 2006)

1.3 Funções booleanas

As funções booleanas podem ser representadas de muitas formas diferentes, como a tabela-verdade *(TI)*, o mapa K, a equação, o circuito e os BDD. Cada forma de representação tem as suas vantagens e desvantagens (Jbajharia, 2012). Os BDD's e os seus refinamentos são estruturas de dados para representar funções booleanas. As funções que recebem como entradas e produzem como saída (Pfenning, 2011).

As variáveis booleanas têm dois valores diferentes: Verdadeiro ou falso. Estes dois valores podem ser tratados como dois números 1 e 0, consoante o caso em que possam ser utilizados numa expressão aritmética. É também chamada a natureza "pseudo" booleana destas variáveis. Seja B= {0, 1} e n E N. Indicar as variáveis por x, y, z, com índices, se necessário, como XI> X_2 , X_3 ,. Xn com o conjunto de índices B = {1,2, 3, , n} (Jhajharia, 2012).

Definição 1.1: Sejam a, bEC. Um mapeamento f : D^b --- D^a é designada por função booleana.

A função é de saída única quando m=1, caso contrário a função é de saída múltipla (Ebendt et al., 2005).

Estes termos são utilizados porque as funções booleanas são utilizadas para descrever a lógica digital de um circuito. Um circuito transforma as entradas, ou seja, um vetor de sinais booleanos de entrada, num vetor de saídas, seguindo assim uma determinada lógica. Esta lógica pode ser descrita por uma função booleana.

1.4 Controlo de modelos

A verificação de modelos é uma técnica bastante automática para analisar um modelo de um sistema. É utilizada para verificar uma especificação sobre um determinado modelo. Inicialmente, é adequada para aplicação na indústria e a sua escalabilidade é simultaneamente limitada devido ao seu grau de automatização (Kirsten, 2012). A verificação de sistemas complexos de conceção de hardware e software exige muito tempo e esforço em vez da sua construção. Minimizar e facilitar os esforços de verificação das técnicas durante o aumento da sua cobertura. Para minimizar o tempo de verificação e fornecer técnicas de verificação mais eficientes para este efeito no processo de conceção, os métodos formais oferecem um grande potencial para obter uma verificação completa gastando pouco tempo (Baier & Katoen, 2008).

O processo de verificação de modelos é composto por três etapas. A primeira etapa é utilizada para modelar formalmente um sistema que se designa por estruturas de Kripke ou autómatos finitos. A segunda etapa é utilizada para a lógica clássica ou temporal e designa-se por especificação. A última é utilizada para verificar se o modelo satisfaz ou não a especificação. A função de um verificador de modelos toma como entrada um modelo de estados finitos e uma especificação expressa como uma fórmula de lógica temporal e mostra por que razão a especificação não é satisfeita pelo modelo. Os verificadores de modelos também sofrem do problema do estado de explosão, uma vez que têm de verificar a especificação em todas as execuções do modelo se o tamanho desse modelo, como a estrutura de Kripke / autómatos finitos, não for adequado (Arora, 2010).

Figura 1.3: Estrutura do verificador de modelos (Clarke, 2008)

CAPÍTULO 2

ÁRVORES

2.1 Prefácio a Árvores e seus diagramas

Uma função booleana representada por meio de BDD é muito eficiente, ou seja, a construção de um diagrama é construída e efectuada em memória onde apenas se encontram os endereços e os apontadores dos seus nós. É por isso que os algoritmos de BDD são muito eficientes em termos de espaço e de tempo. Se uma variável *n* for grande e fracamente definida, a manipulação do Diagrama de Decisão (DD) será muito conveniente (Porwik et al., 2006). Depois de determinar um BDD, recomenda-se a aplicação de uma certa ordenação para obter um diagrama mais optimizado, denominado BDD ordenado (OBDD). Este último diagrama deve ser reduzido após a aplicação das regras de redução para obter um OBDD reduzido (ROBDD). Para uma maior redução, pode aplicar-se uma outra etapa que se designa por BDD suprimido a zero (ZBDD ou ZDD).

2.2 Árvores de decisão e árvores de decisão binárias

Uma Árvore de Decisão (TD) é um método simples para transformar uma função booleana numa estrutura em árvore. Na TD todos os níveis são preenchidos por nós. Não há nenhum nó eliminado. Por isso, a TD é chamada de árvore binária completa. A TD é útil porque os seus nós de saída definem um mapa de decisão. A Árvore de Decisão Binária (BDT) tem algumas boas propriedades, mas o maior problema é o seu tamanho. A construção da árvore depende do número de variáveis da função. Qualquer BDT para cada função composta por n variáveis terá 2^n -1 nós não terminais que representam as variáveis da função e 2^n nós terminais (folhas) verdadeiro/1 e falso/0 que representam o valor de saída da função. Além disso, cada árvore é constituída por n+ 1 níveis, em que o primeiro nível representa a raiz da árvore e o último nível n+1 representa a saída da função determinada a partir do circuito (Schafer, 2009).

Suponhamos que existem variáveis booleanas (X1, X_2 , .,X_n) que são entradas da função que representa nós não terminais. Na raiz, haverá um teste a uma das variáveis, por exemplo (x_1), no nível seguinte, que é o segundo nível, haverá dois nós testados pela raiz. Um deles quando $x_1=1$ e quando $x_1=0$. Cada um desses dois nós testará outra variável; haverá dois outros nós não-terminais para cada um deles no nível seguinte e assim por diante. Assim, para cada nó não terminal, há dois filhos, mas não há filhos para os nós terminais (folhas) (Pfenning, 2011).

Definição 2.1: *t* é uma BDT que se representa como:

(1) Os nós não terminais de *t* representam as variáveis da função, que são os inputs da função.

(2) Os nós terminais (folhas) de *t* são rotulados por 0 e 1, que são as saídas da função.

(3) Existem dois filhos para cada nó não terminal em *t*, as arestas que são apontadas do nó para os filhos são rotuladas por 0 (linha tracejada) e 1 (linha sólida).

(4) Cada nó em cada caminho em *t* tem rótulos únicos, o que significa que cada nó de *t* deve existir apenas uma vez em cada caminho, por exemplo, num caminho, se houver três nós, cada um deles deve ser rotulado por variáveis diferentes (Kuv, 2009).

Se substituirmos as folhas da Figura 2.1, que são (*T* e *J_*) por (1 e 0), e rotularmos os arcos por (0 e 1), obteremos um tipo de árvore chamado BDT, mostrado na Figura 2.2. Eliminando (0 e 1) dos arcos e mostrando-os com uma linha tracejada e uma linha sólida, obtemos uma outra forma mais compacta de BDT, representada na Figura 2.3. A mesma BDT pode ser obtida por uma fórmula diferente, porque a DT representa um número infinito de fórmulas. Obtém-se a Figura 2.2 por esta fórmula $(x2\ x1\ )\ x3\ (x1\ x3\ )\ x2$, também a mesma

O diagrama pode ser obtido através da seguinte fórmula$((x2\ x1\ )\ x3\ (x1\ x3\ )\ x2\ )$. BDT inclui a informação completa sobre a fórmula. Por exemplo, a Figura 2.4 mostra o caminho desde a raiz até à folha 0, quando X1=0, X2=0 e X3=1 (Kuv, 2009).

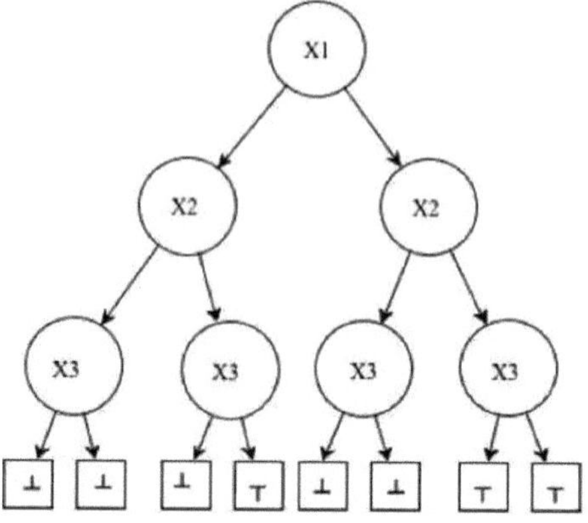

Figura 2.1: Uma árvore de divisão

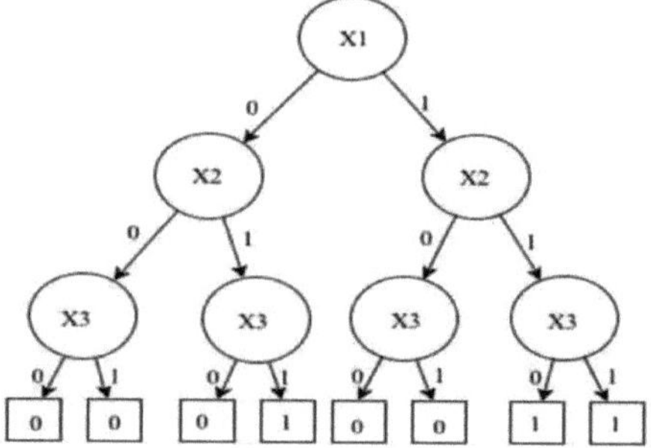

Figura 2.2: Uma representação da BDT correspondente

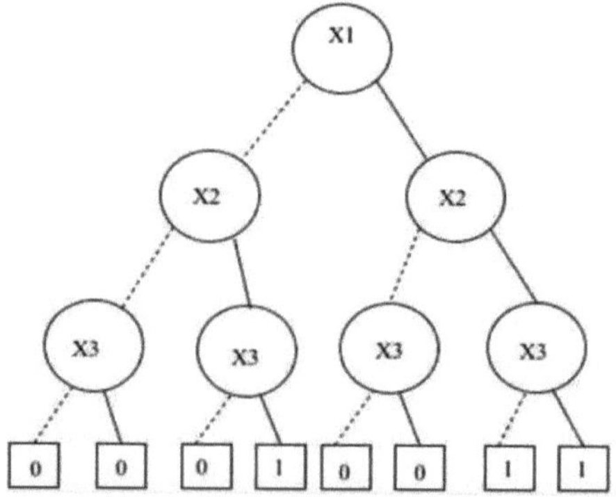

Figura 2.3: Outra representação da BDT correspondente

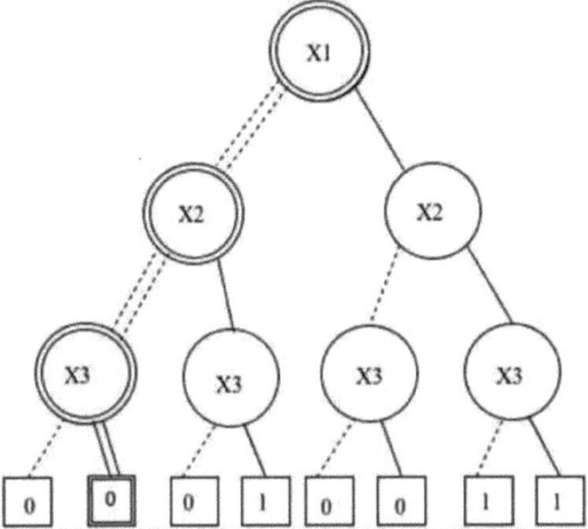

Figura 2.4: Avaliação de uma fórmula utilizando a sua BDT

2.3 Forma normal se-então-então

Nesta secção, será explicada a correspondência entre as fórmulas proposicionais, ou funções booleanas, por um lado, e as BDT, por outro. Para as fórmulas F1, F2, F3, denotamos por Se F1 então F2 senão F3 a fórmula (F1 F2) (F1 F3). Em vez disso, podemos considerar Se . . . Então . . . Else . . . como um novo conectivo triplo (Qu, 2010).

Definição 2.2: O conceito de forma normal (If-Then-Else) é definido como:

(1) As fórmulas na forma (se, então, senão) são T que representa (1) e ..L que representa (0).

(2) Se existirem duas fórmulas Zi e Z2 na forma normal se-então-então, não contendo ocorrências de uma variável X, então se X então Z_1 senão Z_2 está na forma normal se-então-então

Para cada BDT, *a* é um nó da mesma. A aresta proveniente de a é indicada por neg(a) e é representada por uma linha tracejada. A outra aresta que vem de a é indicada por pos(a) e é mostrada por uma linha sólida. Se x for uma variável no nó a, então neg(a) é uma decisão para a árvore quando x =0, enquanto que pos(a) é uma decisão para a árvore quando x =1(Qu, 2010).

Definição 2.3: *t* é uma árvore de decisão binária. Cada nó *a* em *t* é sugerido pela fórmula F_a e definido como:

(1) Se *a* é 1, então $F_a \overset{def}{=\!=} = T'$ se *a* é 0, então $F_a \overset{def}{=\!=} ..L.$

(2) Se *x* é uma variável que representa o nó *a* em *t*, então F_a = se *x* então $Fpos_{(a)}$senão $Fneg_{(a)}$(Qu, 2010).

Os princípios da forma normal If-Then-Else aplicados à BDT são apresentados na Figura 2.5:

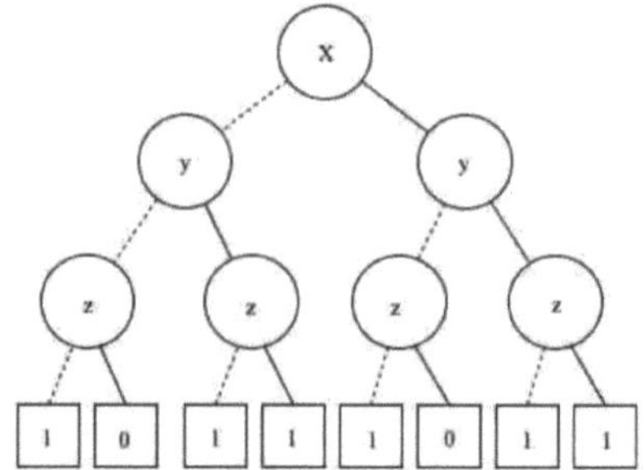

Se x então se y então se z então T

ElseT

Caso contrário, se z então ..L

ElseT

Caso contrário, se y então se z então T

ElseT

Caso contrário, sezentão...L

ElseT

Figura 2.5: Árvore de decisão binária

CAPÍTULO 3

DECISÃO BINÁRIA

3.1 Diagrama de decisão binária

Antes de mais de cinquenta anos, em 1959, Lee propôs o Diagrama de Decisão Binária (BDD) e chamou-lhe Programas de Decisão Binária (BDP). Em 1978, Akers e Bryant propuseram algumas abordagens para gerar BDD automaticamente para representar funções booleanas. Eles propuseram BDD, e este nome proposto ainda é usado nos dias de hoje (Kissmann, 2012). O BDD tornou-se uma estrutura de dados muito popular, devido ao facto de representar várias funções práticas de forma eficiente. O tamanho do BDD é a principal razão da sua eficiência. O tamanho que representa o seu grafo, mas o BDD não é muito útil devido à existência de muitos nós não-terminais e terminais desnecessários (Singh & Bansal, 2012). Para uma representação e manipulação mais eficientes das funções booleanas, a popularidade dos BDDs em vários domínios de aplicação pode ser atribuída à sua capacidade. Muitas funções interessantes têm representações BDD compactas. Assim, a maioria das operações sobre BDDs pode ser efectuada de forma relativamente rápida. Além disso, poupam mais espaço e tornam a manipulação mais rápida e eficiente. Uma única estrutura BDD pode ser utilizada na representação de várias funções. As BDD construídas durante a computação crescem frequentemente de forma extremamente grande, resultando em requisitos elevados de memória e tempo, o que muitas vezes impossibilita uma única máquina de lidar com a sua computação. Deste modo, a utilização de BDDs em tal área de aplicação ou em tal problema é dificultada (Fasan, 2010).

Tal como proposto por Akers et al., o BDD pode implicar funções digitais de grande dimensão, porque a função de descrição de equações lógicas ou mapas de Karnaugh terá um maior número de variáveis, aumentando a complexidade do circuito lógico digital (Limaye, 2011). O BDD é um grafo dirigido canónico; é uma estrutura de dados útil para a manipulação simbólica booleana. É normalmente utilizado para representar implicitamente grandes espaços de solução em problemas combinacionais e sequenciais que surgem na síntese e na verificação (Loekito et al., 2010; Pan et al., 2010).

Um BDD é um grafo dirigido, enraizado e cíclico. Pode ser transformado por algoritmos que visitam todos os nós e arestas do grafo dirigido em determinadas ordens. Também pode ser visto como uma BDT com as sub-árvores idênticas a serem fundidas. Os BDDs são amplamente utilizados no domínio da integração em muito grande escala (VLSI), como a verificação de propriedades, a síntese lógica, os falsos caminhos e a verificação de equivalência (Marie, 2012).

Definição 3.1: Um Diagrama de Decisão Binário é um Grafo Acíclico Dirigido (DAG) enraizado com estas propriedades:

(1)Um ou dois nós terminais de grau zero rotulados como 0 ou 1.

(2)Um conjunto de nós variáveis *u* de grau dois, as duas arestas de saída são rotuladas como baixa (0) e alta (1) (Limaye, 2011).

Definição 3.2: Através da expansão de Shannon, podemos compreender o BDD:

$$f(X_0,X_1,..,X_n)= \overline{x_0} .f(0,X_1,..,X_n)+X_0.f(1,X_1,..,X_n) \quad (3.1)$$

$f(0, x_i,..., x_n)$ e $f(1, x_i,..., x_n)$ são os cofactores negativo e positivo da função f.

$f \mid \overline{x_0}$ representa negativo e $f \mid x_0$ representa positivo. Qualquer expressão booleana pode ser transformada em BOT utilizando a expansão de Shannon (Ling, 2009).

Na Figura 3.i é ilustrada a expansão de Shannon.

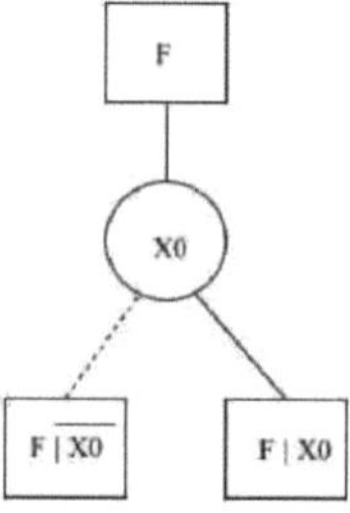

Figura 3.1: Representação gráfica da Expansão de Shannon (Ling, 2009)

Os nós do BDD são constituídos por nós terminais e não terminais. Os nós não terminais representam as variáveis da função. Cada um deles tem dois filhos, o da esquerda, representado por uma linha tracejada, que representa (0), e o da direita, representado por uma linha sólida, que representa (1). Cada um destes filhos tem dois outros filhos: Nós terminais ou não terminais. Mas para os nós terminais não há filhos. Só têm valores (0), que representa falso, ou (1), que representa verdadeiro, para representar o valor da função booleana (Arora, 2010).

O conceito de três variáveis (x_1, X2 e x_3) da função booleana $f=x3 \wedge (x1 \vee x2)$ é ilustrado na Figura 3.4. A Figura 3.4(a) é uma representação BDT. O principal conceito de BDD é eliminar todas as redundâncias e representar o grafo como um DAG. A Figura 3.4(d) é uma representação BDD. Obviamente, a BDD é mais compacta do que a tabela-verdade e a BDT. A Tabela 3.1 é uma tabela-verdade desta função.

x1	x2	x 3	($x1 \vee x2$)	$F=x3 \wedge (x1 \vee x2)$
0	0	0	0	0
0	0	1	0	0
0	1	0	1	0
0	1	1	1	1
1	0	0	1	0
1	0	1	1	1
1	1	0	1	0
1	1	1	1	1

Tabela 3.1: Tabela de verdade

3.2 Diagrama de decisão binário ordenado

Um Diagrama de Decisão Binário Ordenado (OBDD) é um BDD, mas todas as suas variáveis de entrada devem estar ordenadas. Além disso, no OBDD, cada caminho desde a raiz até à folha visita as variáveis por ordem ascendente. Em qualquer caminho do BDD, cada variável é visitada apenas uma vez. O tamanho e a forma de um BDD dependem da ordem dos testes nele contidos. Quando é construído, a ordem de seleção das variáveis nos diferentes ramos de uma árvore pode ser diferente.

Se existem duas variáveis X e Y que estão num caminho da raiz para uma folha, se X vem antes de Y significa ($X < Y$), então depois de X aparecerá Y, isto depende da ordenação das variáveis. A Figura

3.4(a) considera as variáveis na ordem $X1<X2<X3$, onde $Xi<Xj$ significa Xi mais próximo que Xj da raiz na árvore, esta ordenação de variáveis pode ter um grande efeito no tamanho do BDD (Jhajharia, 2012).

Definição 3.3: Quando os nós da árvore denotados por variáveis como (x_1, x_2, ..., x_n), em todos os caminhos desde a raiz até qualquer saída, obedecem à mesma ordenação fixa de variáveis, esta árvore é chamada BDD. É também um OBDD (Kissmann, 2012).

Os BDDs são ordenados através da ordenação das suas variáveis. Para várias funções booleanas representadas e manipuladas eficientemente por BDDs ordenados, é possível construir, usando um algoritmo relativamente simples, novos BDDs ordenados que representam várias combinações dessas funções booleanas. Para construir algoritmos eficientes para funções booleanas, os diagramas de OBDD são amplamente utilizados em projectos e testes de lógica digital, verificação de modelos e inteligência artificial (Yang et al., 2012).

Definição 3.4: Uma raiz de OBDD denota uma função Fa, ela é definida repetidamente como:

(1)Se *a* é um nó terminal (folha), então Fa = valor (a).

(2)Se *a* é um nó não terminal e *a* está associado ao argumento x_i, então

$$fa(X_1,X_2,...,X_n)=\overline{x_i}.flow(a)(X_1,X_2,...,X_n) \vee X_i.fhigh(a)(X_1,X_2,...,X_n) \quad (3.2)$$

Para avaliar uma função com um conjunto de valores x_1, x_2, . . . , Xn para chegar aos nós terminais, temos de começar pela raiz, se um nó estiver ligado a x_i, atravessando para low(a) quando $x_{i=0}$, o que é mostrado pela linha tracejada, e depois atravessando para high(a) quando $x_{i=1}$, o que é mostrado pela linha sólida (Yang et al., 2012). A Figura 3.2 mostra um exemplo de função booleana f(x, y, z) e sua representação OBDD na ordem $x < y < z$.

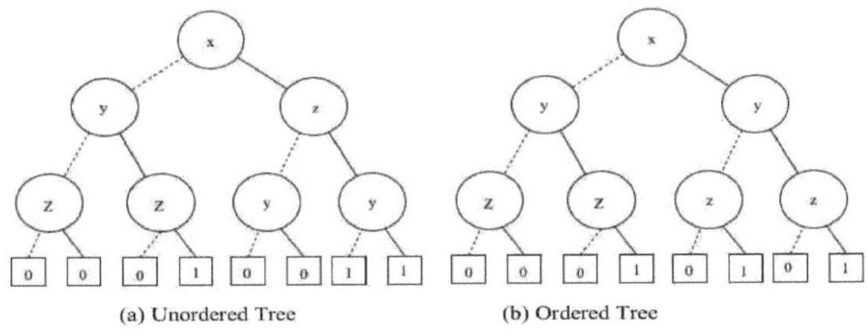

(a) Unordered Tree (b) Ordered Tree

Figura 3.2: Representação de funções booleanas

3.2.1 Encomenda de variáveis

Bryant propôs a utilização da ordenação de variáveis em 1986 (Kissmann, 2012). A ordenação das variáveis desempenha um papel importante na dimensão dos BDD. Ao contrário da tabela de verdade e da representação em circuito da função booleana, tem um impacto significativo no tamanho do BDD. O tamanho do BDD para uma dada função depende tanto da função como da ordem escolhida para as variáveis. Inicialmente, deve ser escolhida uma boa ordem, a fim de construir o BDD mais valioso. É sabido que encontrar a melhor ordem para as variáveis que minimizem o tamanho do BDD é NP-difícil, mesmo melhorando essa ordem. Assim, é difícil determinar uma boa ordem especial (Fasan, 2010).

A ordenação das variáveis é muito importante e tem um efeito crucial no tamanho do BDD, porque o BDD requer uma grande quantidade de memória, que é diretamente proporcional ao número de nós. Levar a um BDD pequeno numa pequena quantidade de tempo é uma boa ordem de variáveis. Por outro lado, a obtenção de um BDD grande em termos de tamanho é uma má ordem de variáveis, uma vez que pode ultrapassar a memória disponível (Singh & Bansal, 2012).

A conceção de diferentes tipos de portas CMOS (Complementary Metal-Oxide- Semiconductor) pode ser efectuada utilizando algoritmos de ordenação de variáveis. Quando a ordenação das variáveis de entrada é grande e o número de variáveis é pequeno. Estes algoritmos não podem ser aplicados a funções de tamanho médio e grande devido ao facto de complexidade do problema. Algumas caraterísticas dos BDDs no que diz respeito à ordenação das variáveis através da sua análise e esperam-se técnicas que permitam melhorar iterativamente um BDD existente alterando a ordem das variáveis.

Definição 3.5:

> Um BDD é um BDD ordenado (OBDD) em qualquer caminho, cada variável deve existir apenas uma vez em cada árvore e sempre na mesma ordem ao longo de cada caminho (Prasad et al., 2005).

Para a função $f = (x1 \wedge x2) V (x3 \wedge x4) V (x5 \wedge x6)$ existem duas BDDs diferentes com ordens diferentes, como mostra a Figura 3.3. Na Figura 3.3(a) utilizou-se a ordem das variáveis que é X1 < X3 < X5 < X2 < X4 < X6 para a representação do BDD que tem 14 nós, mas na Figura 3.3(b) utilizou-se uma ordem das variáveis que é X1 < X2 < X3 < X4 < X5 < X6 para a representação do BDD que tem 6 nós (Fasan, 2010).

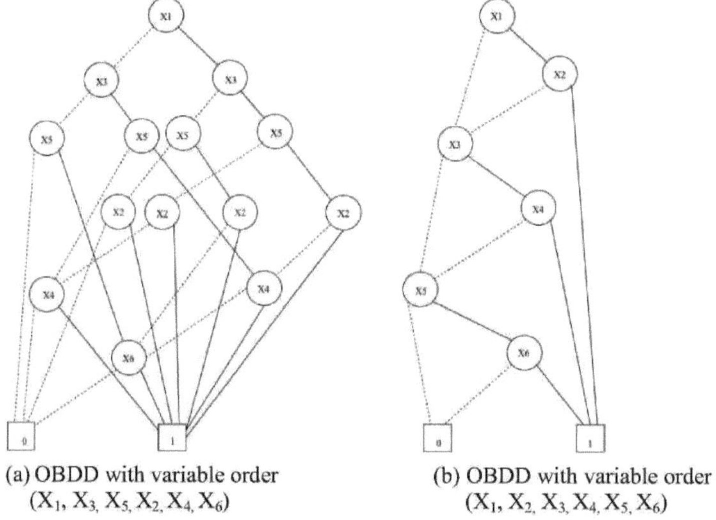

(a) OBDD with variable order ($X_1, X_3, X_5, X_2, X_4, X_6$)

(b) OBDD with variable order ($X_1, X_2, X_3, X_4, X_5, X_6$)

Figura 3.3: Representação BDD para diferentes ordenações de variáveis (Fasan, 2010)

3.2.2 Diagrama de decisão binário ordenado reduzido

Os ROBDDs dependem do BDD; este pode fornecer uma representação compacta das funções booleanas. Assim, torna-se a estrutura de dados para funções booleanas. O ROBDD é o tipo mais comum de BDD (Yang et al., 2012). Akers descreveu o ROBDD no início, e depois foi desenvolvido por Bryant (Ling, 2009) quando provou que é uma forma canónica para a função lógica, ou seja, "duas funções são equivalentes se, e só se, os ROBDD para cada função são isomórficos" esta é a principal vantagem do ROBDD (Singh & Bansal, 2012), outra vantagem é medir o tamanho do ROBDD pelos seus nós e não pelos seus caminhos. Os problemas do ROBDD são o facto de algumas funções terem um tamanho exponencial e a obtenção da melhor ordenação das variáveis exigir um tempo exponencial (Singnhal, 2012).

Definição 3.6: *t* é um Diagrama Binário de Decisão simples (BDD), que satisfaz as propriedades da definição 2.2 com estas duas propriedades:

(1) Para cada nó a, os sundogs da esquerda e da direita são distintos;

(2) Cada par de sundogs' de *t* enraizado em dois nós diferentes a_i, a_2 é não isomórfico (Kuv, 2009).

Isto significa que não existem testes redundantes e que não existem nós isomórficos, todos eles são fundidos. Para satisfazer esta definição, podem ser aplicadas as regras 2 e 3 do BDD. O BDD pode ser reduzido através de três regras de redução principais que são a fusão de folhas equivalentes, a fusão de nós não terminais isomórficos e a eliminação de testes redundantes. Depois de aplicar estas regras, obtém-se o ROBDD.

Regra#1 (Fundir folhas equivalentes)

Aqui, elimina-se todas as folhas com um valor (0) no lado esquerdo e um valor (1) no lado direito, e depois redirecciona-se todos os arcos para os nós restantes. Simplificando, significa remover todos os nós terminais duplicados. Esta regra trata apenas dos nós terminais, mantendo-se todos os nós não terminais (Terruggia, 2010).

Obtendo a Figura 3.4(b) que é BDD após aplicar esta regra na Figura 3.4(a) que é BDT. Resta um nó terminal com a etiqueta (0) à esquerda e um com a etiqueta (1) à direita, eliminando todos os outros. Depois desta regra, há duas outras regras que tratam os nós não terminais para obter o ROBDD. Assim, o tamanho do BDD será significativamente reduzido por estas duas regras de redução.

Regra#2 (Unir nós isomórficos)

Nesta regra, se houver dois ou mais nós não-terminais, as suas arestas de linha tracejada, que são representadas por (0), conduzem ao mesmo nó terminal ou não-terminal e também as suas arestas de linha sólida conduzem ao outro nó terminal ou não-terminal. Assim, as suas arestas esquerda e direita são equivalentes, sendo estes nós designados por nós isomorfos. Neste caso, temos de eliminar todos os nós isomorfos com o nó restante e redirecionar todos os arcos para o nó restante. Se os nós não terminais (x_1 e X_2) tiverem var(x_i)=var(x_2), low(x_i)=low(x_2), high(x_i)=high(x_2), eliminaremos um dos dois. Aqui, baixo representa a linha tracejada e alto representa a linha sólida. Na Figura 3.4(b), três dos nós não terminais rotulados por (X_3) são iguais, pelo que podemos eliminar dois deles e obter a Figura 3.4(c) (Terruggia, 2010).

Regra#3 (Eliminar testes redundantes)

Aqui, se numa árvore existir um ou mais nós não terminais, ambas as suas arestas que representam (0 e 1) conduzem a outro nó não terminal e a um nó terminal, este nó será eliminado. Se existir um nó não-terminal (X1), low(X1)=high(X1), temos de eliminar (X1), esta ocorrência chama-se Teste de Redundância (Terruggia, 2010). Na Figura 3.4(c), o nó número (3) tem ambas as arestas que conduzem ao nó número (5) e o nó número (4) tem ambas as arestas que conduzem ao nó terminal número (8), aqui temos de eliminar ambos os nós (3 e 4), a aresta sólida da raiz, que é o nó número (1), conduzirá ao nó número (5) depois de eliminar o nó (3), e a aresta tracejada de (2) conduzirá ao nó (8) depois de eliminar o nó (4). Assim, depois de aplicar estas três regras de redução principais à BDT, obtém-se um ROBDD. A Figura 3.4 ilustra todas as regras de redução.

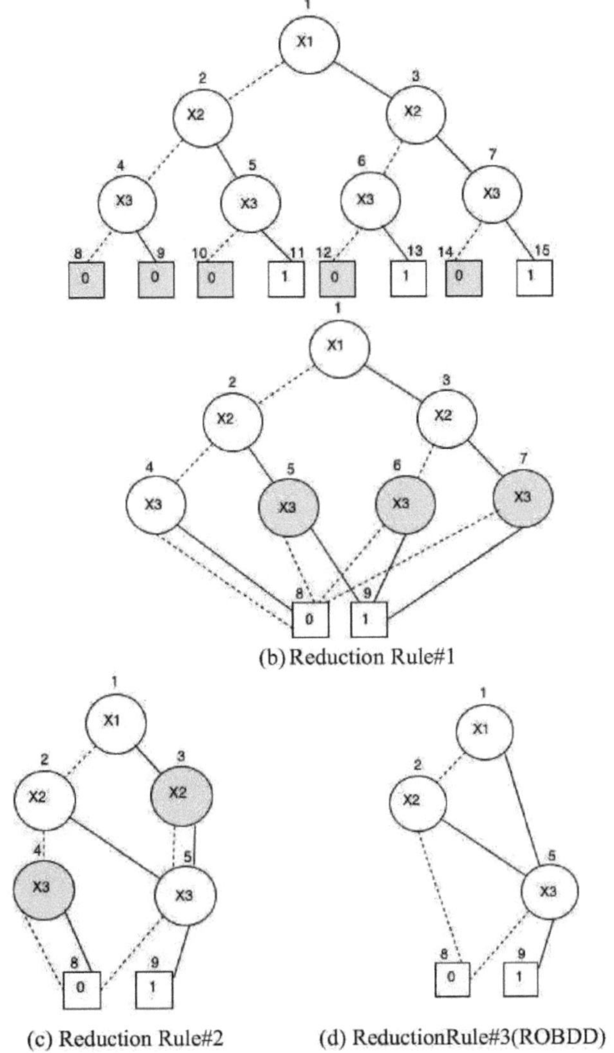

Figura 3.4: Etapas de transformação de uma árvore de decisão binária em ROBDD

Probabilidades e trajectórias

Existe uma relação direta entre o comprimento do caminho do BDD e a complexidade temporal do BDD que representa uma função booleana.

Definição 3.7:

Em cada BDD, a ligação de um conjunto de nós e de uma sequência de arestas em cada BDD, da raiz às folhas, é designada por caminho. O número de nós exceto a folha é o número do comprimento do caminho (Leelapatra et al., 2007).

Definição 3.8:

O ramo Bi do BDD é um caminho em que a_1 é a raiz do BDD e a_n é o nó terminal (folha) do BDD (Leelapatra et al., 2007).

$$\frac{P(Vi)}{2} = P(e_{i0}) = P(e_{i1}) \qquad (3.3)$$

Definição 3.9: A probabilidade de atravessamento da aresta, denotada por $P(e_{i0})$ (ou $P(e_{i1})$), é a fração de todas as 2^n atribuições de valores a variáveis cujo caminho inclui e_{i0} (ou e_{i1}), em que e_{i0} (ou e_{i1}) denota a aresta "O" (ou a aresta "1") dirigida a partir do nó v_i. Como todos os caminhos incluem o nó raiz, este nó é percorrido com probabilidade 1,00. Uma vez que todas as atribuições a valores de variáveis são igualmente prováveis, podemos usar a seguinte equação para calcular o $P(v_i)$ para o resto dos nós (Prasad et al., 2005).

Definição 3.10:

O comprimento do caminho mais longo (LPL) de um BDD, denotado por LPL (BDD), é o comprimento do caminho mais longo desde o nó raiz até às folhas (Prasad et al., 2005).

Definição 3.11: O comprimento do caminho mais curto (SPL) de um BDD, denotado por SPL (BDD), é o comprimento do caminho mais curto desde o nó raiz até às folhas (Prasad et al., 2005).

Se considerarmos o grafo BDD apresentado na Figura 3.3(b), nesse diagrama serão calculados o comprimento do caminho mais curto (SPL) e o comprimento do caminho mais longo (LPL). A probabilidade do nó raiz, que é (x_1) nesse diagrama, é sempre igual a 1,00.

$(P_{X1}) = 1,00$

$(P_{X2}) = (Pen) = 0,5$

$(P_{X3}) = (P_{ei0}) + (P_{e20}) = 0,5 + 0,5/2 = 0,75$

$(P_{X4}) = (P_{e3i}) = 0,75/2 = 0,375$

$(P_{X5}) = (P_{e30}) + (P_{e40}) = 0,75/2 + 0,375/2 = 0,5625$

$(PX) = (P_{esi}) = 0,5625/2 = 0,28125$

SPL = Caminho mais curto = X1 --- X_2 - folha= 3

E finalmente

LPL = Caminho mais longo = Xi --- X2---X3 --- X4---X5 --- x_6--- folha = 7

3.4 Diagrama de decisão binária com supressão de zero

O BDD com supressão zero (ZBDD ou ZDD) é uma representação gráfica adequada para lidar com famílias de conjuntos esparsos. Os seus diagramas têm sido aplicados a vários problemas. É também útil para representar de forma compacta grupos de conjuntos e para os manipular de forma eficiente. Um ZBDD é um tipo especial de BDD que é especialmente eficiente para manipular combinações esparsas (Tada, 2012; Loekito et al., 2010). Minato e Arimura propuseram a obtenção de ZBDD através da conversão de BDD em ZBDD. As ZBDD são canónicas e as suas variáveis são ordenadas como as OBDD (Limaye, 2011). O OBDD pode ser reduzido para eliminar nós redundantes, através das duas regras de redução (Regra#2 e Regra#3) ilustradas na secção (3.2.2).

O ZBDD tem duas regras de redução que são:

(1) ***Regra de fusão***: se dois ou mais nós forem idênticos, temos de eliminar um deles e redirecionar todas as arestas de entrada do nó eliminado para o nó restante.

(2) ***Regra de supressão zero***: se uma aresta positiva, representada por (1) e

representada por uma linha sólida de um nó, levar a uma folha (0), devemos eliminar esse nó e todas as arestas que chegam a esse nó são redireccionadas para os 0-filhos desse nó (Loekito et al., 2010).

Os ZBDD têm uma estrutura mais eficiente. Por conseguinte, os BDD podem ser convertidos em ZBDD, eliminando os nós cuja aresta positiva (1 aresta) conduz ao nó terminal 0 e ligando diretamente as arestas ao outro subgrafo. A interpretação de um ZBDD é ligeiramente diferente da de um BDD devido à diferença nas regras de redução. A Figura 3.5 ilustra a regra ZBDD, obtida após a aplicação do ZBDD ao ROBDD (Limaye, 2011).

O ZBDD é percorrido como um BDD quando o valor da função é determinado para uma dada avaliação das variáveis do ZBDD. Assim, quando a travessia termina nos nós terminais verdadeiros (folhas) e a variável cujo valor é um (1) foi testada durante a travessia, então o último valor é verdadeiro, caso contrário o último valor é falso (Lhotak et al., 2008).

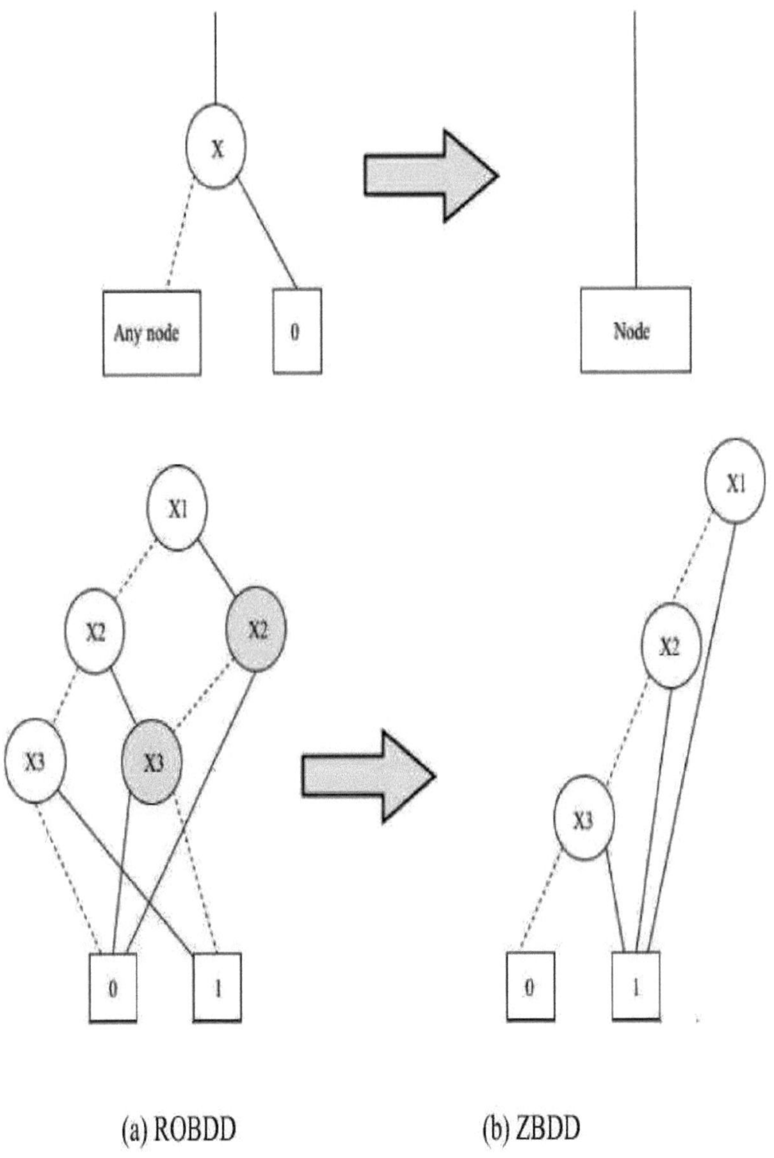

Figure 3.5: Representação ZBDD (Lhotak et al., 2008)

CAPÍTULO 4

REVISÃO DA LITERATURA

4.1 Investigação relacionada

Ghasemzadeh et al. (2008) apresentaram um algoritmo para calcular a fiabilidade exacta da rede. Abordaram o facto de o diagrama de decisão binário ser uma estrutura de dados moderna que provou ser compacta na representação e eficiente na manipulação de fórmulas booleanas. Os autores recorreram à técnica do BDD para calcular a fiabilidade da rede. Os algoritmos existentes na sua investigação foram melhorados através da partição dos nós da rede.

Schafer (2009) abordou o facto de as propriedades da curva booleana terem uma não-linearidade máxima, o que permite reforçar a função criptográfica contra ataques de criptanálise linear. São raros e pouco conhecidos os conhecimentos sobre as suas caraterísticas. A representação das funções booleanas é feita através do diagrama de uma decisão binária ordenada reduzida. As funções são representadas numa estrutura de árvore em que uma variável pode ser percorrida de cada vez. Os BDD são úteis em CAD e em aplicações de tempo real. As caraterísticas das funções de dobragem são focadas nesta tese, para além da sua complexidade. Um programa de computador capaz de converter a tabela de verdade de uma função num BDD mínimo foi concebido para facilitar este processo.

Fasan (2010) ilustrou que os BDD são estruturas de dados que podem ser utilizadas para a resolução de problemas no projeto assistido por computador e na verificação formal. Os principais constrangimentos que normalmente impedem a utilização de BDDs são grandes requisitos de memória e de tempo. Para ultrapassar este problema, é utilizada a memória existente em (NOW), onde é necessária uma distribuição dos requisitos de computação e de memória para a manipulação de BDDs sobre uma NOW. Foi apresentado um algoritmo de manipulação de BDDs num NOW que utiliza a técnica breadth-first de modo a que as operações BDD sejam iniciadas simultaneamente em várias estações de trabalho no NOW. Além disso, foram descritos os detalhes da conceção e da implementação do pacote BDD distribuído, bem como as diferentes abordagens consideradas para melhorar o desempenho do algoritmo. Foram também tratados os resultados experimentais que mostram as capacidades e o desempenho do pacote distribuído.

Pan et al (2010) mostraram que a representação canónica de funções booleanas pode ser dada por BDDs e que estas têm uma vasta aplicação na conceção e verificação de sistemas digitais. Neste artigo, é apresentado um novo método que se baseia em algoritmos culturais para reduzir o volume de BDDs. Em primeiro lugar, é apresentada a codificação de um indivíduo que representa BDDs. A aptidão é definida e a população é construída por um grupo de indivíduos. Em segundo lugar, são abordados os pormenores das implementações baseadas em algoritmos culturais, tais como as concepções do espaço de crenças e da corrida populacional, bem como as concepções das funções de aceitação e das funções de influência. Em terceiro lugar, o documento também examinou abordagens de deteção de falhas através da aplicação de BDDs a circuitos digitais, bem como um novo método de deteção de falhas de crosstalk. Os resultados provaram que alguns circuitos digitais mostraram que é possível obter BDDs com poucos nós através do método sugerido no presente documento, bem como produzir todos os vectores de teste de uma falha em circuitos digitais.

Azam e Chandana (2010) explicaram que a medição da complexidade das funções que representam circuitos digitais em modelos de computação não uniformes era uma área importante da teoria das ciências da computação. Apresentaram modelos de conjuntos abrangentes para prever as propriedades de complexidade de circuitos representados por BDDs. Os modelos prevêem o número de nós como representações do tamanho/área do circuito para determinadas ordens do conjunto de entrada e comprimentos de caminho: comprimento médio do caminho, comprimento do caminho mais longo e comprimento do caminho mais curto para essa ordem.

Ubar (2011) ofereceu uma aula particular sobre Diagrama de Decisão Binária Estruturalmente Sintetizada (SSBDD), que consistia em estabelecer um mapeamento de um para um entre os nós de SSBDDs e caminhos de sinal de circuitos digitais. A ideia essencial do uso de SSBDDs é colocar a visão topológica no gráfico, onde cada caminho pode ser desenhado em um SSBDD diretamente do circuito para um sub-circuito.

Singh (2012) referiu que o BDD é a tecnologia de base através da qual a verificação de modelos simbólicos tem sido aplicada com êxito para verificar diferentes circuitos de hardware. Este modelo é estável em termos de desempenho. A área e o consumo de energia na realização de circuitos lógicos baseados em BDDs. Dada a importância dos BDD na verificação de modelos, os aspectos computacionais dos BDD são bem compreendidos e a verificação de modelos baseada em BDD deve ser estável em termos de desempenho. Na realização de circuitos lógicos com base em BDD, a área e o consumo de energia são determinados pelo número total de nós. Estes nós podem ser reduzidos selecionando a polaridade adequada das subfunções e a atividade de comutação. A questão do desempenho do comparador de magnitude de 4 bits para baixa potência através do desenvolvimento de uma metodologia geral de avaliação mais a computação BDD e a estratégia de pré-computação foi abordada no estudo.

Singhal (2012) considerou igualmente uma rede de comunicação informática com vértices perfeitos e ligações imperfeitas, ou seja, as ligações de comunicação podem falhar com uma probabilidade conhecida. A fiabilidade da rede em causa foi determinada utilizando a fórmula de inclusão-exclusão com um diagrama de decisão binário. Além disso, verificou-se que a fiabilidade obtida por ambos os métodos é a mesma. São necessários três passos principais para avaliar a fiabilidade com base no diagrama de decisão binário. A primeira etapa consiste em ordenar a ligação de comunicação dada aplicando uma abordagem heurística proposta para gerar BDDs de dimensão mínima. Em seguida, a função de fiabilidade é gerada com base nos caminhos mínimos da fonte ao sumidouro e, por fim, é aplicada a decomposição de Shannon para calcular a fiabilidade da rede.

Savstrom (2012) afirmou que a verificação de aplicações através da utilização de métodos formais se tornou bem conhecida, uma vez que é possível garantir a correção das aplicações. As aplicações concorrentes nem sempre foram fáceis de testar devido à raiz da aplicação. Como essas aplicações são utilizadas em vários ramos da indústria de software, os métodos formais para provar as correcções das aplicações foram melhorados. Um dos métodos é descrito primeiro e depois implementado utilizando BDDs para verificar se isto conduz a uma otimização da implementação atual do método.

Toda (2012) representou que o diagrama de decisão binário suprimido por zero (ZBDD) é um gráfico de famílias espaciais; apresentou um bom algoritmo para descobrir uma estrutura oculta, designada por relação de coocorrência, no conjunto de dados. O cálculo depende de alguns valores de caraterísticas e não do número de conjuntos do ZBDD para ser efectuado num tempo complexo. Além disso, introduzimos uma relação de coocorrência condicional e apresentamos um algoritmo de extração, que nos permite descobrir mais informação estrutural.

Singh et al. (2012) abordaram o facto de a verificação simbólica de modelos ter sido aplicada na verificação de diferentes circuitos de hardware. Centraram-se na importância do BDD na verificação de modelos porque o sucesso da tecnologia é o BDD. O número total de nós dos circuitos lógicos no BDD determina o espaço e o consumo de energia. A seleção da polaridade das subfunções não se limita a reduzir o número de nós no BDD, alterando também a atividade.

MO et al. (2012) ilustraram que um BDD vai calcular uma probabilidade exacta de acontecimento de topo (TEP). O algoritmo BDD dificilmente é capaz de resolver um problema muito grande, desde que o seu consumo de memória seja muito elevado. Neste artigo, foi demonstrado o método de Jung que explica que, durante o cálculo de um BDD, é possível manter um BDD de tamanho reduzido através de um truncamento do BDD. Melhoraram o algoritmo de truncagem BOO de Jung para o utilizar de forma mais prática. De acordo com a sua investigação, propuseram um algoritmo de truncagem BOO que, em comparação com o método de Jung, permite que este novo algoritmo utilize um tempo de execução ligeiramente inferior e uma utilização de armazenamento ligeiramente superior à do algoritmo de Jung.

Lin et al. (2012) referiram que os circuitos ópticos para o atual processamento de informação terão um baixo consumo de energia e uma velocidade rápida se dependerem de circuitos de transístores. A arquitetura para a computação ótica deve ser preferível à ótica, uma vez que não existe função de transístor na ótica. Quando o sinal é enviado como um sinal ótico da raiz para os nós terminais, chama-se BDD. O processamento do tempo de comutação de um nó ou o tempo de transmissão de sinais ópticos da raiz para os nós terminais limitará a velocidade da computação ótica. Os autores ilustraram a conceção de somadores de 1 e 2 bits em função do BDD. O potencial dos circuitos de computação ótica de alta velocidade foi o resultado apresentado.

Bergman et al. (2012) explicaram que a noção de obtenção de limites para o valor ótimo de um problema de otimização a partir de uma relaxação discreta baseada em BDDs foi explorada, além de explicarem a forma de construir um BDD que representa a relaxação de um problema de otimização de variáveis binárias e de obter um limite para qualquer função objetivo separável através da resolução de um problema de caminho mais curto ou (mais longo) no BDD. Um método para o problema do conjunto independente máximo num grafo foi aplicado como caso de teste. Verificou-se que poderia fornecer limites significativamente mais apertados; em muito menos tempo de computação do que o software de programação inteira de última geração obtém para uma formulação de programação inteira resolvendo um relaxamento contínuo aumentado com planos de corte.

4.2 Problemas

As técnicas de hardware e software tornaram-se parte integrante da nossa vida quotidiana. Devido à aplicação da tecnologia, o nosso nível de vida aumentou e a nossa vida quotidiana será mais fácil. Mas, nos dias de hoje, a complexidade da conceção da tecnologia, especialmente (hardware e software), está a aumentar muito rapidamente. Por conseguinte, a sua correção tornar-se-á um problema mais difícil (Hegde, 2011). A complexidade que cresce constantemente na conceção de circuitos lógicos está relacionada com a complexidade dos parâmetros que descrevem diretamente a função booleana. Durante as últimas duas décadas, através de alguns métodos matemáticos, muitos problemas foram resolvidos, como a conceção, o teste e a síntese de circuitos. Os investigadores, por seu lado, procuram prever a complexidade do desenho em termos de tempo necessário para o otimizar e também para verificar a sua lógica. Para isso, desenvolveram ativamente modelos matemáticos que prevêem o número de nós num BDD. Durante os anos, o número de nós num BDD tornou-se uma preocupação principal, uma vez que é proporcional à complexidade dos circuitos booleanos (Burch, 2011).

A conceção de circuitos lógicos digitais passou por muitas etapas de aperfeiçoamento. A fim de acompanhar o desenvolvimento a alta velocidade das novas tecnologias, especialmente no domínio da eletrónica, é necessário depender de projectos corretos de circuitos lógicos digitais, que são os fundamentos dos circuitos integrados (CI). Paralelamente à complexidade do projeto de circuitos lógicos (incluindo o enorme número de transístores ou portas), surgem os problemas de tratamento do tamanho das entradas do circuito e do conjunto adequado dessas entradas. Um dos problemas mais importantes nesta direção é o tempo consumido para escolher o conjunto adequado de variáveis de entrada.

A eficiência dos circuitos pode ser medida por dois factores importantes quando o computador desenha e executa um processo, tais como: velocidade e espaço. Para executar um processo com um desenho complexo, é necessário mais tempo. Isto significa que o processo será realizado num período de tempo mais longo, pelo que será efectuado lentamente. Este fator está relacionado com os transístores que precisam de tempo para funcionar, mas os projectistas querem que os circuitos funcionem o mais rapidamente possível. É por isso que trabalham para otimizar os circuitos em profundidade, que têm uma distância máxima de qualquer entrada a uma saída. O outro fator é o espaço, que está relacionado com o tamanho. O número de transístores num chip da tecnologia atual ocupa, de facto, espaço. Assim, os projectistas da Unidade Central de Processamento (CPU) querem construir os seus circuitos com o menor número possível de transístores para realizar o que necessitam. Para isso, têm de criar circuitos com poucas portas lógicas para reduzir o número de transístores. Através das portas lógicas existentes num circuito, é possível conhecer o espaço de utilização (Butler, 2010).

É evidente que a otimização dos circuitos lógicos digitais equivalentes tem um papel fundamental nas caraterísticas de muitos computadores em termos de velocidade e dimensão. Dependendo dos circuitos microelectrónicos dos seus chips. Quando o primeiro computador geral foi criado, a tecnologia informática obteve um sucesso inacreditável em todas estas propriedades. Se nos concentrarmos no computador comprado por um milhão de dólares em 1985, este tinha menos desempenho, menos memória principal e menos armazenamento do que um telemóvel de 500 dólares atualmente. Esta rápida melhoria resultou de avanços na otimização dos circuitos (Hennessy, 2012).

REFERÊNCIAS

Al Mushreq, N. (2011). Introdução ao circuito lógico digital. Recuperado de http://www.trainingclasses.com/programs/03/56/35692 introduction to digital lo ci rcuits .php

Alzeebary, S. M. R. (2006). *Simulação Baseada em Lógica Multi-Estado para Deteção e Diagnóstico de Falhas de Temporização ao Nível da Porta.* (Dissertação de doutoramento não publicada). Universidade de Tecnologia AL-Rasheed College for Engineering and Science Departamento de Engenharia Informática e da Informação. Mosul.

Universidade de Anantapur, Saritha, C. Eletrónica SSBN Degree & PG College Anantapur. (2012, dezembro). *Partilha de diapositivos: Índia: Circuitos lógicos combinacionais*. Recuperado de net/chappidi saritha/combinational-circuit.combinational http://www.slideshare

Arora, N. (2010). *Comparação de esquemas de codificação para verificação de modelos simbólicos de redes de Petri com limites*. Universidade Estadual de Iowa.

Assi, A., Prasad, P. W. C., Mills, B., & Elchouemi, A. (2006). Análise empírica e representação matemática da complexidade do comprimento do caminho no diagrama de decisão binário. *Journal of Computer Science, 2*(3), 236-244.

Azam, B., & Chandana, P. P. W. (2010). Previsão de medidas de complexidade de área e comprimento para diagramas de decisão binários. *Journal of Expert*

Systems with Applications, Emirados Árabes Unidos, 37, 2864-2873.

Baier, C., & Katoen, J. P. (2008). *Principles of Model Checking (Vol. 26202649).* Cambridge, Massachusetts Londres, Inglaterra: MIT press.

Bergman, D., Cire, A. A., Van Hoeve, W. J., & Hooker, J. N. (2012). Ordenação de variáveis para a aplicação de BDDs ao problema do conjunto máximo independente. *Em Integração de técnicas de IA e OR na programação de restrições para problemas de otimização combinatória* (pp. 34-49). Springer Berlim: Heidelberg.

Burch, C. (2011, setembro). Lógica e circuitos. *Licenciado sob uma licença Creative Commonz Attribution-Share Alike 3.0 United States.* Recuperado de http://www.toves.org/books/logic/

Butler, J. T. (2010, junho). Mapas de Karnaugh com uma breve história do design lógico. *KIT Special Lecture, Naval Postgraduate School, Monterey, CA U.S.A.* Recuperado de http://www.lsi-cad.com/sasao/JABEE/ppt/14.pdf

Clarke, E. M. (2008). O nascimento da verificação de modelos. *Em 25 Years of Model Checking* (pp. 1-26). Springer Berlim: Heidelberg.

Ebendt, R., Fey, G., & Drechsler, R. (2005). *Otimização avançada de BDD.* Springer- Holanda.

Ecker, W., Milller, W., & Domer, R. (2009). *Software dependente de hardware* (pp. 113). Springer-Netherlands.

Fasan, M. O. (2010). *Diagramas de decisão binários distribuídos*. Dissertação de doutoramento. Stellenbosch: Universidade de Stellenbosch.

Feher, J. (2010). Introdução à lógica digital com exercícios de laboratório. *O Projeto Global Text é financiado pela Fundação Jacobs*. Zurique: Suíça.

Ghasemzadeh, M., Meinel, C., & Khanji, S. (2008, abril). Avaliação da fiabilidade de uma rede de K-terminais utilizando um diagrama de decisão binário. *Em Information and Communication Technologies: Da Teoria às Aplicações, 2008. ICTTA 2008. 3rd International Conference on* (pp. 1-5). IEEE.

Hegde, R., Mishra, G., & Gurumurthy, K. S. (2011). Uma visão sobre a complexidade de hardware e software do ecus em veículos. *Em Advances in Computing and Information Technology* (pp. 99-106). Springer Berlim: Heidelberg.

Hennessy, J. L., & Patterson, D. A. (2012). *Arquitetura de computadores: uma abordagem quantitativa*. Elsevier.

Jhajharia, S. (2012). Implementação de uma biblioteca para decisão binária: diagrama de uso BFS traversal algo. *Revista Internacional de Pesquisa e Revisões em Ciências da Informação*, *2*(2), 186-201.

Kirsten, W. (2012). Verificação simbólica de modelos para sistemas interligados. *IGI Global. Capítulo em livro didático*, Hersey, PA, EUA, *4,* 298-315.

Kissmann, P. (2012). *Pesquisa simbólica no planeamento e no jogo geral*. Dissertação de doutoramento. Universidade de Bremen.

Kuv, V. (2009, março). *Diagrama de decisão binária.* Dissertação de doutoramento. Recuperado de www.vornokuv. com

Lou, C. et al. (2010). Síntese de um novo circuito lógico sequencial genético: um interrutor push-on push-off. *Molecular Systems Biology*, *6*(1), 154-200.

Limaye, C. A. (2011). *Técnicas de verificação formal para circuitos reversíveis.* Dissertação de doutoramento. Blacksburg, Instituto Politécnico e Universidade Estadual da Virgínia.

Loekito, E., Bailey, J., & Pei, J. (2010). Uma abordagem baseada em diagramas de decisão binários para a extração de subsequências frequentes. *Knowledge and Information Systems*, *24*(2), 235268.

Ling, A. C. (2009). *Melhorias na eficiência do projeto de matrizes de portas programáveis em campo usando sínteses lógicas.* Dissertação de doutoramento. Universidade de Toronto.

Leelapatra, W., Kanchanasut, K., & Lursinsap, C. (2007). Transformações geométricas de imagens codificadas em BDD. *Jornal Internacional de Matemática Aplicada, 36*(1), 153176.

Lhotak, 0., Curial, S., & Amaral, J. N. (2008). Usando ZBDDs em análise ponto-a-ponto. Em *Languages and Compilers for Parallel Computing* (pp. 338-352). Springer Berlim: Heidelberg.

Limnios, N. (2007). *Árvores de falhas*: *ISTE Ltd,* Estados Unidos.

Lin, S., Ishikawa, Y., & Wada, K. (2012). Demonstração de lógicas de computação ótica baseadas em diagrama de decisão binária. *Optics Express, 20*(2), 1378-1384.

Marie, R. (2012). Diagramas de decisão binários ordenados dependentes reduzidos: uma extensão do robdds para variáveis dependentes. [Relatório de investigação] RR-7984, pp.18.

Mateescu, R., Dechter, R., & Marinescu, R. (2008). AND/OR Multi-Valued Decision Diagrams (AOMDDs) para modelos gráficos. *Journal of Artificial Intelligence Research, 33*, 465-519.

Mo, Y., Zhong, F., Zhao, X., Yang, Q., & Cui, G. (2012). Novos resultados para o método de truncamento bdd para o cálculo eficiente da probabilidade de evento superior. *Engenharia e Tecnologia Nuclear, 44*(7), 755-766.

Porwik, P., Wrobel, K., & Zaczkowski, P. (2006). Algumas observações práticas sobre a redução do tamanho do Diagrama de Decisão Binária. *IEICE Electronic Express, 3*(3), 51-57.

Pfenning, F. (2011, 21 de abril). Notas de aula sobre diagramas de decisão binária. *Princípios da computação imperativa*, 15-122.

Pan, Z. L., Chen, L., & Zhang, G. Z. (2010). Algoritmo cultural para minimização do diagrama de decisão binário e sua aplicação na deteção de falhas de crosstalk. *Revista Internacional de Automação e Computação, 7*(1), 70-77.

Prasad, P. W. C., Raseen, M., Assi, A., & Senanayake, S. M. N. A. (2005). BDD path length minimization based on initial variable ordering. *Journal of Computer Sciences, 1*(4), 521-529.

Qu, G. (2010). *Diagramas de decisão booleanos*. [Recuperado em outubro de 2010] Recuperado de http://www.ece.umd.edu/class/enee644/

Roth, J. C. H. (2013). *Fundamentos do design lógico*. Cengage Learning.

Savstrom, T. (2012). *Implementando a verificação de sistemas concorrentes usando Diagramas de Decisão Binária* (Tese de Doutorado). Universidade de Uppsala.

Schafer, N. B. (2009). *Caraterísticas dos diagramas de decisão binária de funções booleanas dobradas*. Escola de Pós-graduação Naval de Monterey, CA.

Singh, P., Gupta, C., & Bansal, M. (2012). Otimização de energia em um circuito comparador de magnitude de 4 bits usando bdd e estratégia baseada em pré-computação. *Revista Internacional de Pesquisa em Engenharia Aplicada, 7*(11), 56-102.

Singhal, M. (2012). Avaliação da fiabilidade baseada em diagrama de decisão binária. *Jornal Internacional de Engenharia e Tecnologia Avançada (IJEAT), 2*(2), 203232.

Singh, P., & Bansal, M. (2012). *Síntese e otimização de um circuito comparador de magnitude de 4 bits usando BDD e estratégia baseada em pré-computação para baixa potência*. Universidade de Thapar, Patiala.

Terruggia, R. (2010). *Análise de fiabilidade de redes probabilísticas*. Tese de doutoramento. Universidade de Estudos de Turim.

Teh, Y. E. (2012). *Visualização de diagrama de decisão binária*. Tese de mestrado. Departamento de Engenharia Eléctrica e Ciências da Computação, Universidade da Califórnia em Berkeley.

Toda, T. (2012). Extração de relações de coocorrência de ZDDs. *Algorithms, 5*(4), 654-667.

Ubar, R. (2011). Visão geral sobre diagramas de decisão de baixo e alto nível para modelagem diagnóstica de sistemas digitais. *Facta universitatis-series: Eletrónica e Energética, 24*(3), 303-324.

Yang, L., Manadhata, K. P., Horne, G., W., Rao, P., & Ganapathy, V. (2012). Extração rápida de submatches usando OBDDs. *HP Laboratories, HPL-2012-215*.

BIOGRAFIA DOS AUTORES

A Professora Doutora Nadire Cavus nasceu a 16 de agosto de 1972 em Nicósia. Licenciou-se em 1995 no Departamento de Sistemas de Informação Informática (CIS) da Universidade do Próximo Oriente, no Chipre. Em 1997, concluiu um curso de mestrado em Ciências Administrativas Empresariais e começou a lecionar como assistente. Dr. Cavus recebeu o grau de doutoramento do Departamento de CIS da mesma universidade em 2007 e tornou-se professor assistente no ano de 2008. Além disso, recebeu o

Obteve o grau de Professora Associada do Departamento de Educação Informática e Tecnologia Instrucional da Universidade do Próximo Oriente em 2011. Atualmente, é professora e presidente do Departamento de Sistemas de Informação Informática da Universidade do Próximo Oriente.

Tem muitos artigos científicos publicados em revistas de renome mundial, como o British Journal of Educational Technology, Computers & Education, Advances in Engineering Software, Interactive Learning Environments, entre outras. Ao mesmo tempo, faz parte do conselho editorial e do conselho consultivo de várias revistas científicas. Além disso, actua como árbitro nestas revistas.

A Prof.ª Doutora Nadire Cavus escreveu mais de 35 artigos científicos publicados em revistas famosas, indexadas pelo British Education Index, ERIC, Science Diret, Scopus e IEEE. Além disso, tem 20 artigos científicos apresentados em reuniões académicas internacionais e publicados em livros de actas. Por outro lado, tem livros publicados pelos centros de publicação académica mundialmente famosos e 1 livro publicado pelo famoso centro de publicação académica da Turquia. Além disso, a Prof.ª Dr.ª Cavus organiza conferências e seminários nacionais e internacionais sobre tecnologia educativa, tecnologia da informação e tópicos relacionados.

Orientou muitos projectos de licenciatura e várias teses de pós-graduação sobre os temas da tecnologia da informação e domínios conexos. Também orientou muitas teses de mestrado sobre tecnologia da informação e da educação. Os seus interesses de investigação situam-se no domínio dos sistemas de informação, do comércio eletrónico, do desenvolvimento Web, dos sistemas de gestão da aprendizagem (LMS), das linguagens de programação, do desenvolvimento de sistemas de ambiente de aprendizagem virtual, das tecnologias móveis, do desenvolvimento de sistemas de ambiente de aprendizagem móvel, dos sistemas de aprendizagem móvel, do ambiente virtual, do ensino à distância, da lógica de programação, das linguagens de programação para a Internet e do algoritmo.

Os seus passatempos são: ler, estudos ambientais e estudos da Terra, música, viajar, trabalhos manuais, voleibol, atletismo, aeróbica, dança, dança folclórica, bordados e costura.

Dilovan Asaad Majeed Zebari é um estudante de mestrado no Departamento de Sistemas de Informação Informática da Universidade do Próximo Oriente, em Chipre. Os seus interesses de investigação são circuitos lógicos digitais, decisão binária, otimização, linguagens de programação e Internet.

O Dr. Subhi Rafeeq Mohammed Zeebaree obteve os graus de licenciatura, mestrado e doutoramento na Universidade de Tecnologia de Bagdade-Iraque em 1990, 1995 e 2006, respetivamente. Tem um doutoramento. Em Engenharia Informática, é Professor Assistente desde 2012. Começou a lecionar e a supervisionar cursos de pós-graduação (doutoramento e mestrado) desde 2007 e até agora.

Quinze dos seus alunos de mestrado concluíram os seus estudos e obtiveram o grau de mestrado. Atualmente, há cinco estudantes de doutoramento e seis de mestrado sob a sua orientação, dentro e fora do Iraque. Publicou muitos artigos e, atualmente, há oito artigos em fase de publicação, que fez com os seus alunos de doutoramento e de mestrado. É Diretor do Departamento de TI da Escola Técnica de Akre - Universidade Politécnica de Duhok (DPU). É o Presidente do Comité de Aconselhamento Científico e de Investigação da DPU.

Printed by Books on Demand GmbH, Norderstedt / Germany